L'UNION SACRÉE

POUR LA VIE

MONOTHÉISME UNIVERSEL

PAR L.-O. DOMER

Prix : DEUX francs.

ROUEN

IMPRIMERIE LÉON GY -:- ALBERT LAINÉ, SUCCESSEUR

5, rue des Basnage, 5.

1916

L'UNION SACRÉE

POUR LA VIE

———·———

MONOTHÉISME UNIVERSEL

Par L.-O. DOMER

——◆◆◆——

Prix : DEUX francs.

ROUEN

Imprimerie Léon GY -:- Albert LAINÉ, successeur
5, rue des Basnage, 5.

—

1916

PRÉFACE

Mon but est de faire ce livre, commencé depuis longtemps, pour le bien de tous. J'ai choisi comme titre l'Union sacrée pour la vie parce que mon envie est de voir tous les prêtres du monde se réunir sous un seul chef, dans une même religion, sous le même Dieu. J'ai beaucoup lu et beaucoup retenu. Bien des idées émises dans ce livre ont été partagées par d'autres ; mais j'en ai émis de personnelles aussi. En tout cas j'approuve celles que je partage et combats les autres. Je serai satisfait si mon livre est trouvé clair, rend service à quelques-uns et est goûté du plus grand nombre. Je serai content si j'ai aidé à supprimer ou du moins à atténuer bien des causes qui divisent l'humanité. J'ai le plus grand désir de rendre service à mes semblables. J'ai bien plus le désir de prêcher l'union et la tolérance que la division qui a causé et cause encore tant de maux.

Né catholique et chrétien et voulant rester dans cette religion, qui est la seule apostolique et est merveilleusement organisée, j'ai voulu amener ses prêtres, surtout ses chefs, à la rendre plus tolérante comme l'a fondée le Christ, et plus admissible pour tous, en y supprimant des ordonnances qui ne sont pas indispensables à sa valeur morale et en éloignent beaucoup de gens qui, sans cela, la pratiqueraient plus ouvertement et plus sincèrement. On pourrait ainsi la faire adopter par tous, pour qu'il n'y ait sur terre qu'une seule religion, comme il n'y a qu'un seul Dieu, le seul juge qui va au fond des consciences. Je suis donc bien loin d'être l'ennemi du catholicisme. En outre de l'idée religieuse, j'ai cru bien faire d'émettre bien des conseils pour le bonheur de tous les hommes. Le temps seul dira si j'ai eu tort ou raison. J'ai fait bien des redites, mais c'est pour insister et me faire mieux comprendre ; je prie les lecteurs de m'en excuser.

Si quelque part je me suis trompé, errare humanum est.

UN SEUL DIEU, UNE SEULE RELIGION

Unique et le vrai Dieu, seul Père des humains,
A l'heure de la mort, c'est vraiment en vos mains
Que je veux déposer en pleine confiance,
Mon âme votre fille. En ayant l'espérance,
De pouvoir vous louer pendant l'éternité,
Je veux rester soumis à votre Majesté.

Que vos Ministres, tous, prêchent l'unique loi
Qui les hommes mettra tous dans la même foi ;
Et la fraternité règnera sur la terre.
Plus de guerres alors ; c'est là ce que j'espère.
Rendez donc, ô mon Dieu, ce doux rêve possible,
O vous seul pour qui rien n'est vraiment impossible.

L.-O. D.

DIEU

L'homme ne peut s'expliquer que difficilement quelle forme et quelle nature il doit admettre pour un Dieu unique, éternel et tout-puissant, créateur de tout l'univers. C'est pour ce motif que beaucoup nient Dieu. Pour bien des hommes, Dieu c'est une idée, et plus haute est l'idée de l'homme plus grand est son Dieu.

Pour nous qui croyons à son existence, sans le croire obligé de tout faire pour nous, nous nous en faisons l'idée non d'un être personnifié, mais d'une essence immense, divine et impalpable, s'étendant partout, existant de toute éternité, ayant tout créé et tout réglé, pour ainsi dire comme est notre âme pour notre corps, mais lui étant infiniment supérieure.

Mais n'est-ce pas pour se rendre plus accessible à nos vues et à nos intelligences qu'il a mis son esprit dans un homme, le Christ, son fils, qu'il a fait naître et mis sur la terre pour nous dicter sa loi, loi divine au-dessus des combinaisons humaines. Voilà ce qu'est la Trinité : 1° Dieu le Père; 2° l'Esprit divin qui se met dans 3° le Fils de l'homme au baptême du Christ par saint Jean-Baptiste quand, sous la forme d'une colombe, il va se poser sur sa tête, lesquelles trois personnes se réunissent dans un seul Dieu qui demande aux hommes de l'adorer et de lui obéir en suivant sa loi.

En personnifiant son fils, Dieu nous a fait mieux comprendre la Divinité et s'est mis plus à la portée des hommes pour leur permettre plus facilement de lui rendre leurs hommages.

Jamais une autre religion n'a, plus que le Christianisme, mis la Divinité à la portée de l'humanité. La divinité et la perfection de la loi du Christ sont comme une preuve absolue de la divinité du Christ lui-même ; mais cela ne fait pas une autre divinité à côté de la première, le Christ restant quand même l'esprit de Dieu dans un homme.

Tout peut s'expliquer dans la moralité divine sans faire de conceptions antinaturelles et antiscientifiques.

Marie est plus grande comme mère du Christ que comme vierge. Plus tard nous mettrons la maternité supérieure à la virginité dans la femme. C'est en étant mère que la femme pratique toutes les vertus, qu'elle obéit à la loi divine et est surtout utile à l'humanité. Il nous paraît plus logique, Dieu ayant permis le rapprochement sexuel seulement dans le mariage, de faire naître le Christ du fait de Joseph et de Marie inspirée par l'ange lui annonçant qu'elle sera mère d'un enfant divin, enfant signalé tout particulièrement à sa naissance par l'adoration des mages et des bergers.

Dieu va lui-même, par saint Jean-Baptiste, proclamer et établir la divinité de son fils.

Saint Jean baptise Jésus trente ans après, et c'est en effet à ce moment qu'il reconnaît sa supériorité et voit descendre sur lui l'esprit divin sous la forme d'une colombe qui va se poser sur sa tête.

C'est aussi seulement après son baptême que le Christ prouva sa divinité et qu'il fit son premier miracle aux noces de Cana. C'est aussi après son baptême qu'il y eut clairement en lui deux êtres : l'Humanité avec ses souffrances et ses faiblesses, et la Divinité avec son pouvoir et sa justice comme Dieu son père.

C'est à partir du même moment qu'il reconnaît sa voie en disant à sa mère ces paroles mystérieuses : « Femme, qu'il y a-t-il de commun entre vous et moi », tout en reconnaissant, en bon fils, la bonté de celle-ci et faisant ce qu'elle a paru désirer. Du reste, c'est aussi à partir de la Pentecôte, la descente du Saint-Esprit sur eux annoncée par le Christ, que les apôtres furent les prédicateurs et les fondateurs du Christianisme. On peut donc tout s'expliquer sauf les miracles. Mais rien n'étant impossible à Dieu, il a pu en permettre quelques-uns; Dieu seul a ce pouvoir qu'il peut, quand cela lui plaît, donner par sa grâce à certains privilégiés.

Dieu ne peut être qu'unique, éternel, tout-puissant et créateur de tout. Nous ne pouvons pas le voir peut-être, mais n'existe pas que ce que nous voyons. Nous admettons ce que le jugement nous indique comme devant être.

Nous savons et nous rendons compte que la matière existe et le mouvement aussi au sein de la matière puisque nous voyons et sentons ces choses.

S'il y avait deux ou plusieurs Dieux, ils ne pourraient être maîtres, car le pouvoir de l'un pourrait détruire le pouvoir de l'autre, chaque Dieu étant tout-puissant. Donc Dieu est unique.

Dieu ne peut être qu'éternel, n'ayant pas eu de commencement et par suite ne devant pas avoir de fin, puisqu'il a fallu que la matière ait eu un commencement et que par suite elle doive finir. Il a fallu à tout un premier germe, et ce premier n'a pu être que par la volonté d'un créateur, le Dieu.

Un Dieu unique a la toute-puissance, puisqu'il a pu tout créer, tout organiser et qu'il peut tout transformer comme tout détruire.

Nous voyons qu'il a créé par l'existence de tout, qu'il organise et transforme de tout temps par la constatation que nous faisons de ces transformations et enfin qu'il laisse se détruire devant nous beaucoup de choses et d'existences.

La matière et le mouvement existant, il faut évidemment étudier trois cas :

1° Que la matière soit éternelle et que le mouvement qui existe en elle soit éternel;

2° Que la matière soit éternelle et que le mouvement lui ait été donné du dehors;

3° Que la matière ni le mouvement ne soient éternels.

Dans le premier cas, il n'y aurait pas de création, et Dieu et son œuvre, éternels tous les deux, seraient immuables et impérissables, mais nous voyons dans la nature tout périr et se transformer : ce qui est éternel ne se transforme pas et ne périt pas, ce qui contredit le premier cas.

Dans le deuxième cas, si la matière est éternelle, ce qui n'est pas probable puisqu'elle se transforme et périt, qui a pu lui donner le mouvement si ce n'est un être supérieur et en dehors d'elle, c'est-à-dire le Créateur, la matière n'ayant aucune force par elle-même; ce deuxième cas vient donc prouver l'existence du Créateur.

Pour le troisième cas, la matière et le mouvement n'étant pas éternels, ils ont donc été créés puisqu'ils existent, et là encore se prouve mieux l'existence du Créateur.

De là naît certainement une croyance à la création, et par conséquent à l'existence du Créateur, être immense, éternel et tout-puissant appelé Dieu, ou d'un autre nom ayant le même sens, par tous les savants et tous les peuples les plus instruits et les plus civilisés surtout.

Dans la matière même nous voyons dans notre globe tous les êtres se perpétuer; mais pour avoir un second il a fallu un premier donnant le germe à ce second. Qui a donné ce germe à ce premier qui est un être commençant et finissant, généralement plutôt faible et certainement trop impuissant pour s'être créé, c'est évidemment le Créateur; c'est une deuxième preuve de la nécessité de l'existence du Créateur ou Dieu.

L'homme qui veut avoir une plante est obligé d'avoir

d'abord un fruit ou une graine à semer. Il sait bien qu'il ne peut produire lui-même ce fruit ou cette graine, mais doit les prendre sur une plante déjà existante ou de même nature. Le plus savant sait qu'il ne peut créer, que son rôle consiste seulement à perfectionner par les bons soins et les bons croisements. Quelqu'un m'a affirmé, et par là il jugeait l'homme créateur, il m'a affirmé, dis-je, qu'un vétérinaire avait par deux fois introduit dans l'ovaire d'une jument du liquide spermatique d'un étalon et qu'il était né deux chevaux de ces deux opérations.

Je n'affirme pas et ne nie pas non plus ces deux faits; mais je prétends qu'on n'a rien créé ainsi; on n'a fait que faciliter le développement d'un être dont le germe existait déjà.

Je soutiens même que l'opération n'eut pas réussi si le liquide introduit avait été absolument privé d'animalcules spermatiques.

J'admets même que la chose soit possible et puisse se produire dans l'espèce humaine, avec d'immenses précautions, et cela a dû déjà être fait; mais je n'y vois pas non plus de création du fait de l'homme, si savant fût-il. Les animaux, les mouches, les papillons, les eaux, les vents mêmes, transportent des semences dans des milieux où elles se développent; ils n'ont rien créé non plus. Tant que l'homme n'aura pas fait d'une pierre un autre homme, sans ovaire ni germe spermatique, il devra s'incliner devant le Créateur, le seul Dieu de l'Univers.

C'est encore une preuve de l'existence du Créateur.

Qu'est-ce Dieu, créateur non seulement de notre globe, mais de l'Univers entier: là les idées se divisent, et chacun veut en faire un Être à sa conception personnelle; ce qui ne peut l'empêcher d'être.

Il est certain que, pour être éternel, immense et tout-puissant, il faut que Dieu soit seul dans tout l'Univers. De là à un seul Dieu correspond pour tous les hommes une seule religion.

Il faut avouer le tort qu'ont eu certains prêtres ou certains hommes d'établir plusieurs religions. Ils ont seulement peut-être pour excuse qu'ils ont pensé chacun prêcher la meilleure. Avant d'établir ce que doit être l'unique religion, nous allons nous entretenir de l'âme.

L'AME

On appelle âme l'esprit de vie qui prend l'homme à la conception et le quitte à la mort. Croyant fermement à un seul Dieu, croyons aussi à l'âme et à son immortalité. L'âme n'étant pas née doit être immortelle, car, dans la nature, tout ce qui naît meurt. C'est l'âme qui, dans la vie, fait agir l'individu pour se défendre et défendre l'unité de son espèce contre toutes les causes d'altération ou de diminution qui l'assaillent. C'est par son âme que l'homme a le droit et le devoir de défendre sa vie et la vie des autres, non seulement contre le froid, le chaud, le poison et autres maux pour sa vie matérielle, mais aussi contre le faux, le laid et le mal sous toutes ses formes pour sa vie spirituelle. La physico-chimie ne suffit pas à expliquer la vie.

La vie est un phénomène autonome. Certainement, pour le phénomène vital, certaines conditions physiques et chimiques doivent être réalisées. Pour les réaliser, la vie montre une énergie, une patience et une ingéniosité qui relèvent de sa propre activité. Elle use tour à tour de violence, de ruse et elle ne réussit souvent qu'en combattant; c'est l'âme qui conduit ce combat comme un général ses soldats à la victoire

L'âme est en nous ce qui pense, sent et veut. Un pauvre fou mange, boit, vit et dort, mais il ne vit que de la vie matérielle; c'est un corps sans âme ou dont l'âme est emprisonnée par un mauvais génie. Le siège de l'âme paraît être le cerveau. L'âme, principe de vie, vient de Dieu, et par suite nous arrivons à croire à son immortalité. Venant de Dieu, elle retourne à Lui. L'âme est perfectible et s'améliore toujours par l'éducation et la pratique de la vertu ; elle tend aussi à sa vraie destinée. Elle ressent certainement l'influence de son milieu, de l'état de santé et de force du corps où elle vit, mais elle lui est en tout supérieure.

L'âme d'un enfant ou d'un malade n'a pas généralement la volonté absolue de celle d'un homme bien portant et en pleine maturité ; cependant on a quelquefois rencontré des enfants ou des vieillards dont la force corporelle était bien faible ou bien usée, mais dont la force morale était vraiment surprenante. Ce qu'on peut dire de mieux d'un homme, après sa mort, c'est qu'il avait une belle âme :

Si les hommes peuvent anéantir le corps
L'âme craint seulement toujours le mal et Dieu ;
C'est vers Lui qu'elle veut bien diriger son sort,
Aussi le trouve-t-elle en tout temps, en tout lieu.

SONNET

Oui, vous êtes, grand Dieu, le Créateur suprême ;
Sans votre volonté que serais-je ici-bas ?
C'est pourquoi de tout cœur, mon Père, je vous aime,
Malheureux est celui qui ne vous connaît pas.

Je n'ai, Père chéri, dans mon cœur, qu'une envie,
Vous consacrer mes vœux, tous mes jours et mes ans.
Vous êtes, mon Seigneur, le maître de ma vie,
Je dois à vous prier penser à tous instants.

Mon âme, votre fille, à vous fait sa prière,
Vous aime, vous adore et toujours vous vénère.
Qu'elle brûle toujours pour vous des plus vifs feux.

Oh ! mon Dieu, gardez-lui l'espoir de vous fêter
Ici-bas, mais aussi pendant l'éternité ;
Oui là, vos serviteurs seront vraiment heureux.

UNE RELIGION

L'unité morale du monde entier ne peut être que la paix et l'union de tous les hommes dans la pratique sincère et loyale de toutes les libertés communes, d'accord avec la morale elle-même. Cette unité ne peut trouver sa source que dans un Dieu unique pour l'humanité tout entière, et, par suite, que dans une seule religion.

On peut connaître dans le monde deux morales : une sans Divinité et une avec la Divinité; il faut savoir laquelle est préférable.

La première peut être bonne pour une minorité d'hommes ayant par l'atavisme et l'éducation un grand fonds d'honorabilité et l'habitude de bonnes mœurs ; mais on a trouvé souvent dans cette minorité des sujets indignes, esclaves de leurs vices et de leurs passions ; n'est-ce pas qu'il leur manquait les secours d'une idée religieuse. Pour ceux qui sont moraux, sans idée religieuse pour eux-mêmes n'est-il pas naturellement possible qu'ils soient bons ainsi par suite d'atavisme, leurs ancêtres ayant probablement eu des idées morales venues d'une religiosité quelconque.

La généralité des hommes cherche toujours une sanction et un motif de récompense ou de punition guidant les actions de chacun. Les hommes, en général, cherchent à personnifier les qualités et les défauts ; n'est-ce pas cela qui a créé les Dieux bons et méchants du paganisme et les images des autres religions.

Le plus grand nombre des hommes a cru à la Divinité, et cela explique la grande diversité des religions. Il faut reconnaître que, même avec certaines erreurs, ces religions ont amélioré les hommes, les lois et les mœurs.

Cela ne prouve-t-il pas que la morale avec Divinité a séduit le plus grand nombre des hommes. La morale sans Divinité ne pourrait suffire qu'à un très petit nombre de philosophes ; et, dans l'antiquité, les philosophes les plus remarquables ont respecté le Dieu ou les Dieux.

La morale avec la Divinité est donc préférable ; elle est aussi plus d'accord avec le spiritualisme qui relève l'homme, tandis que le matérialisme le rabaisse.

On n'a encore trouvé rien de meilleur que l'idée religieuse du Christianisme pour moraliser les hommes et engager les malheureux à supporter avec patience et sans révolte leur triste sort et aussi pour engager les heureux à aider les malheureux.

Pour nous résumer, car enfin il faut conclure, il faut à tous les hommes une seule et même religion, et la préférable est la religion catholique, toujours perfectible et s'adaptant à toutes les nations, à toutes les latitudes, à toutes les formes honnêtes de gouvernement et à tous les genres de vie réglés par les bonnes mœurs. D'ailleurs catholique veut dire universel, ce qui indique son idée ; en outre son maître n'a-t-il pas admis qu'elle se pourrait perfectionner et par suite durer en lui, promettant son appui jusqu'à la consommation des siècles.

L'idéal ayant sa place au sommet de l'âme humaine, l'homme sage cherche toujours le mieux, soit dans son existence corporelle, soit dans l'étendue de ses connaissances intellectuelles, soit dans la justice et l'application des lois qu'il édicte. Il a pour but non seulement l'amélioration de son sort personnel, mais aussi celle du sort de tous ses semblables. L'humanité, fille de Dieu, doit toujours aller en se perfectionnant, et plus l'homme approche de la perfection, plus son âme approche de Dieu qui est sa fin et sa suprême espérance.

Le Fils de Dieu s'est fait homme, et se peut-il que des

hommes osent s'égaler à Dieu. Que chacun se contente seulement d'être un homme bon et juste. O mon Dieu, pourquoi les hommes n'ayant qu'une seule religion ne se reconnaissent-ils pas tous frères et ne s'unissent-ils pas pour t'adorer.

JUDAÏSME

Juifs, reconnaissez enfin que le Christ est divin. Lui seul a été le vrai grand bienfaiteur de l'humanité ; il a aimé tous les hommes et les a tous conviés à sa loi, à tous il a pardonné.

Il n'a pas voulu détruire le judaïsme mais le perfectionner. Il a été des vôtres, c'est votre Dieu qu'il a appelé son père et qui est aussi le père de tous les hommes que le Christ a nommé ses frères.

Il a, il est vrai, critiqué les agissements des prêtres et des pharisiens ; mais ils le méritaient bien. Dieu ne s'est pas divisé ni diminué en mettant son esprit dans un homme, esprit divin et corps humain ne faisant qu'une personne et unis ainsi que l'âme est unie au corps dans l'humanité.

Dieu en agissant ainsi a voulu nous montrer, en ce fils, produit de son amour pour l'humanité, le lien qui doit rattacher l'homme à Dieu.

PROTESTANTISME

Protestants, croyez bien que Luther, en dénigrant, justement peut-être, des abus condamnables, fut plutôt orgueilleux ; il n'a pas supprimé ces abus. Du reste il fut lui-même débordé. La division se mit aussi dans les admirateurs de sa doctrine. Dieu ne peut être diminué par la faute des hommes, à quelque caste qu'ils appartiennent, à quelque rang qu'ils soient placés. Il est mieux de réparer que de détruire... La division amène la ruine même dans les religions.

Les protestants, au contraire des catholiques, se sont toujours divisés entre eux ; ils n'ont pas compris que la force était dans l'unité. On cherche en vain leur chef. Ils ont inventé l'Eglise invisible.

CATHOLICISME

Le catholicisme est bien apostolique, et ses chefs se poursuivent sans cesse, depuis les apôtres jusqu'à nos jours. Pourquoi le pape, chef du catholicisme, n'arriverait-il pas un jour, en faisant certaines réformes qui ne détruiraient en rien la grandeur de la religion, à faire revenir à son unité tous les égarés. C'est ce que nous souhaitons et nous lui demandons ; par tant de douceur et la suppression de tout ce qui n'est pas absolument nécessaire à la foi et éloigne quelques-uns de la pratique de la religion, il ramènera à lui un grand nombre d'hommes et agrandira son influence dans le monde entier.

Ces choses supprimées, bien des catholiques seraient très heureux de pratiquer ouvertement leur religion.

Les autres chrétiens grecs, orthodoxes, etc., gagneraient aussi à s'unir à tous les chrétiens et juifs sous le patronat des papes qui doivent se souvenir de cete sentence : *Vox populi, vox Dei.*

Le Christ a proclamé la Liberté, l'Egalité devant la loi et la Fraternité. Il a dit : vous aurez toujours des pauvres parmi vous ; mais il a dit aux riches : secourez les pauvres. Il a fait de la charité la plus grande vertu. Le premier il n'a damné personne ; il a prié et même recommandé de prier pour ceux qui ne croyaient pas en lui.

Il est temps que tous les hommes enfin, dans leur pleine liberté, admettent un seul et même Dieu pour tout l'Univers. Il est temps surtout que tous les hommes de bien s'unissent contre ceux qui veulent le mal et le désordre. Je l'ai déjà dit : catholique veut dire universel, et la religion du Christ a toujours eu pour but la conquête morale de tous les pays.

La religion du Christ, d'accord avec la morale universelle, peut s'adapter à tous les climats et aux mœurs de tous ; elle est perfectible et tolérante. Que cette religion synthétise en elle tout ce qui est bon, vrai et juste dans chacune ; pour l'humanité, l'âge d'or sera venu. La religion catholique peut être cette religion ; ainsi comprise, elle peut vivre d'accord avec tous les progrès de la science.

Cette religion ne doit pas s'imposer par la force, ni combattre par le fer les autres croyances, mais les attirer par la persuasion et se tenir ouverte à tous par la tolérance et la charité. Dans la grande guerre européenne de 1914-1916, n'a-t-on pas vu très heureusement trois ministres de Dieu : un prêtre catholique, un rabbin et un ministre protestant, tous trois Français, prier d'accord et ensemble pour les soldats morts pour la Patrie : C'était bien là *l'Union sacrée*. Le Dieu unique a certainement agréé au même titre les prières de ses trois ministres que je suppose n'être pas éloignés de penser comme moi sans les connaître.

Dans la même religion tous les hommes s'aimeront comme des frères et la guerre, peut-être, aura disparu.

L'argent à ce mal dépensé sera mieux employé pour aider les malheureux, les orphelins, les veuves et les vieillards, pour instruire et moraliser tous les hommes, les soulager, les guérir, pour embellir les cités et favoriser partout le bien-être que les progrès de la science pourront amener.

La Patrie alors se sera agrandie ; tous les justes étant unis et forts, le droit imposé par eux sera d'accord avec la force. La justice et l'amour règneront sur la terre et Dieu se retrouvera dans tous ses enfants, et l'on pourra chanter son règne : *Christus vincit, Christus regnat, Christus imperat.*

Il n'y aura qu'un seul troupeau, qu'un seul pasteur.

GESTA DEI PER FRANCOS

O mon Dieu, fais que tous les Français amis de l'ordre, de la religion et de la liberté s'unissent dans ton amour pour sauver notre pays et le rendre fort. Que pour ta gloire et la sienne la noble France, comme toujours, marche à la tête des nations pour le bien de l'humanité tout entière.

CATHOLICISME LOI NATURELLE

Maintenant que nous avons établi l'existence d'un Dieu parfait et de l'âme humaine, nous allons dire ce que nous devons faire pour être agréable à Dieu et mériter ses faveurs. Nous allons nous étendre sur l'idée que nous nous faisons de Dieu et de ses qualités et ce que doit être la religion la mieux appropriée à l'humanité.

De toutes les religions, le Christianisme seul est divin et à pris naissance dans l'Esprit divin incarné dans un homme, au rebours des autres religions nées dans la superstition comme : le Boudhisme, sorti du bruit des montagnes de Ceylan, chaine Bancol (voir l'histoire du Hollandais Haafner), et le Mosaïsme, sorti du bruit du mont Sinaï (chaine du golfe d'Haïfan, au sommet élévé appelé Onschomar (voir l'histoire de l'Anglais Burckhard).

Dieu mettant l'esprit divin dans le Christ et en faisant ainsi son fils, n'est-ce pas là la notion la plus nette et la plus à la portée des humains pour nous faire comprendre la Divinité voulant se dévoiler aux hommes et les appeler à honorer et aimer Dieu.

PERFECTIONS ET QUALITÉS DE DIEU

On ne peut admettre l'idée d'un Dieu sans que ce Dieu soit infiniment parfait. Une seule, la plus petite atteinte à sa perfection cesse d'en faire un Dieu. Dieu est donc une essence divine et créatrice, la perfection par excellence.

On peut cependant diviser cette perfection absolue en plusieurs parties qui, séparées les unes des autres, ne sont plus rien, mais sont tout par leur réunion. Ce sont ces subdivisions en quelque sorte de la perfection absolue que l'on est convenu d'appeler perfections de Dieu. Elles sont au nombre de dix principales : 1° l'Eternité; 2° l'Unité; 3° la Majesté; 4° l'Immensité; 5° la Puissance; 6° la Source suprême de tout; 7° la Sagesse; 8° la Bonté; 9° la Justice; 10° l'Infaillibilité.

ÉTERNITÉ

1° Par son éternité, Dieu a créé l'Univers entier; il faut être avant une œuvre pour la produire. Par son éternité, Dieu veille et veillera sans cesse sur ses œuvres; voilà le but de cette perfection divine.

UNITÉ

2° Par son unité, Dieu est le seul Dieu, le seul maître de l'Univers. La perfection de Dieu bien admise, car on ne peut se faire une idée de Dieu sans le croire parfait, il est impossible de ne pas admettre son unité. Supposons deux Dieux également tout-puissants, et un être non tout-puissant n'est pas Dieu, l'un pourra détruire ce que fera l'autre, et ils cesseront d'être Dieux par cela même qu'ils auront à redouter réciproquement leur puissance. L'antiquité ne nous a-t-elle pas montré la guerre des Dieux, conséquence inévitable de l'idolâtrie et de son erreur ; notre conception de la Divinité est bien supérieure à celle des anciens. C'est par son unité que Dieu a établi sur l'Univers une loi unique : tout se reproduit par la destruction de tout.

MAJESTÉ

3° C'est par sa majesté que Dieu est beau par lui-même et par ses œuvres. Quoi de plus beau, de plus majestueux que l'Univers dont tous les poètes ont chanté la magnifi-cence et dont tous les savants ont admiré la conception.

L'IMMENSITÉ

4° L'immensité de Dieu établit sa grandeur absolue. Ne faut-il pas que Dieu soit plus grand que l'Univers, c'est-à-dire qu'il soit l'Immensité même pour l'avoir créé et le gouverner. Là où Dieu ne serait pas, là où son règne finirait et là où il n'y aurait rien : mais Dieu est ou a été dans le rien même, puisque de rien il a fait tout ce qui existe. Dieu seul est grand, a dit Massillon dans l'oraison funèbre de Louis XIV, belle parole par laquelle il s'est immortalisé en rappelant tous les hommes à la modestie, si haut placés fussent-ils.

PUISSANCE

5° La puissance est la perfection par laquelle Dieu peut tout soumettre à sa volonté, par laquelle il tient l'Univers entier soumis à sa loi. On ne peut concevoir l'unique Dieu, sans la toute-puissance.

SOURCE SUPRÊME DE TOUT

6° Dieu est la source de tout ; c'est de lui d'où tout part et où tout retourne. Notre âme venue de Dieu à l'heure de notre conception y retourne à l'heure de notre mort, de même que les végétaux sortis de la terre retournent à la terre. De même aussi l'air emprunté par les combinaisons chimiques de notre globe retourne à cet air ; de même aussi l'eau empruntée aux sources et à la mer retourne par les pluies aux sources et à la mer.

LA SAGESSE

7° Dieu est la sagesse même, c'est-à-dire qu'il a tout fait et qu'il fait tout d'accord avec lui-même et avec sa nature. Si en créant l'Univers, Dieu eut manqué de prévoyance dans un seul point et dans une seule loi de détail, cette imprudence eut été la cause de la destruction entière de son œuvre. La perfection et la marche admirable de toute son œuvre prouvent donc sa sagesse.

LA BONTÉ

8° Dieu est la bonté même. Quel homme peut douter de la bonté divine en voyant ce qu'il a fait pour l'homme. La nature tout entière paraît créée pour lui. Il a donné jusqu'à son fils aux hommes pour les améliorer et les rendre heureux, s'ils suivent les leçons et les exemples de celui-ci. Ce n'est que l'ignorance de ce qui nous est réellement nécessaire qui nous fait par moment accuser la bonté divine. Quand des hommes vont jusqu'à se plaindre que le ciel n'est pas toujours pur et sans nuages, pensent-ils donc aux bienfaits que la pluie nous procure en donnant à la terre l'eau dont elle a besoin pour sa fécondité. Mais c'est surtout en ce qui dépend des hommes, à cause du mal que le plus grand nombre d'entre eux font sur cette terre, que l'on accuse la bonté divine. Ce qui est remarquable, ce sont surtout les méchants qui, auteurs eux-mêmes du mal, se plaignent de son existence. Comment, disent-ils, Dieu que l'on dit si bon a-t-il pu permettre qu'il y eut des hommes méchants.

Ingrats, vous en voulez à ce Dieu parce qu'il vous a élevés au-dessus du reste de ses créatures, parce qu'il a donné à l'homme seulement la liberté absolue, liberté d'instinct et liberté de pensée, et par suite liberté de faire le bien ou le mal. C'est à cause de cela que le mal existe. Si tous les hommes étaient justes, bons et prévoyants, le mal quitterait vite notre sphère. Les maux naturels, les maladies et la misère entre autres ne viennent-ils pas de nos excès ou des excès de ceux dont nous descendons, de notre imprudence et de notre imprévoyance, ou de l'imprudence et de l'imprévoyance de nos ascendants. Les autres maux en les combattant nous permettent d'avoir le mérite de les supprimer. L'homme se plaint surtout d'être sujet à la mort ; mais la mort elle-même est souvent une délivrance. Combien de gens ont en continuant à vivre été témoins d'événements qui leur ont fait beaucoup de peines, peines évitées à ceux qui étaient disparus auparavant.

Bien des hommes disent que Dieu a surtout été sévère pour les justes ; mais ces justes savent bien que Dieu est néanmoins bon pour eux et qu'il leur fournit par là les moyens d'éprouver leur vertu et de mériter son amour, et par là la récompense qu'il réserve à ses élus. L'homme juste succombe quelquefois ; mais quel bonheur n'éprouve-t-il pas quand il a pu vaincre ses passions et ses mauvais penchants ; c'est alors que sa conscience est satisfaite et qu'il éprouve une joie à laquelle tous les faux biens d'ici-bas ne sont même pas comparables. Demandons pardon à Dieu de nos fautes, et si nous le faisons avec foi et un vrai repentir, nous pouvons être assurés de son pardon et de la récompense promise à ses élus.

LA JUSTICE

9° La justice serait une des plus grandes perfections divines, si toutefois elles pouvaient être plus grandes les unes que les autres. Comment croire en un Dieu qui ne soit pas juste. Cependant combien d'hommes, dans leurs malheurs, accusent Dieu d'injustice. Combien ont nié la justice divine en proclamant le bonheur des méchants et constatant les persécutions et adversités que les justes ont souvent à subir sur cette terre. Dieu n'a promis à personne la santé, la durée de la vie, l'intelligence et le bonheur d'être vertueux.

Rappelons-nous qu'à ceux à qui il a donné plus, il demandera plus aussi à l'heure du jugement. C'est surtout la jouissance des richesses et des honneurs qui fait envie aux hommes ; c'est quand des hommes sont privés de ces biens qu'ils accusent Dieu de les avoir donnés à d'autres qu'ils jugent être moins ou seulement autant vertueux qu'eux-mêmes. Mais ces richesses, ces honneurs sont-ils donc un bien pour l'homme vertueux ; ils ne sont que des précipices semés sur la voie de la vertu que rarement et presque jamais même on arrive à franchir sans accroc.

Rappelons-nous donc ces paroles du Christ : « Bienheureux ceux qui sont doux et humbles de cœur. » « Il est plus difficile à un riche d'entrer dans le royaume des cieux qu'à un chameau de passer par le trou de l'aiguille. » En un mot, il n'y a que les méchants qui accusent la justice divine ; qu'ils deviennent vertueux et ils deviendront heureux.

10° Dieu est infaillible, c'est-à-dire qu'il ne peut se tromper. Toutes les perfections que nous venons d'indiquer assurent l'infaillibilité de Dieu, conséquence forcée de la perfection divine. Aussi ne peut-on admettre l'infaillibilité d'un homme ou même d'une réunion d'hommes, si savants et si vertueux soient-ils, car ils peuvent toujours se tromper et ils seraient trop orgueilleux de se croire infaillibles.

L'histoire du monde est pleine de telles erreurs. Souvent l'homme devient meilleur, même quand il n'a pas péché, quand il a senti sa fragilité, car alors il ne condamne jamais sans entendre le pécheur.

Il semblerait que Dieu a voulu montrer à l'homme sa faiblesse et ne le rendre tout à fait bon que quand il a été convaincu qu'il est faible et qu'il doit pardonner toujours la faiblesse des autres.

Dieu seul est infaillible. Rappelons-nous que l'orgueil est le plus grand péché et que le plus grand des anges, dit la Tradition, a été plongé au fond des enfers pour avoir voulu s'égaler à Dieu, son maître. Le Christ lui-même n'a pas reconnu l'infaillibilité des papes. Après avoir fait de son apôtre Pierre le chef de l'Eglise, n'a-t-il pas reconnu sa faiblesse en lui disant : « Avant que le coq chante, tu m'auras renié trois fois ». Les successeurs de saint Pierre ont-ils raison de se croire supérieurs au premier des papes, celui qui vécut intimement avec le Christ et eut l'auréole du martyr. En admettant l'infaillibilité des papes, on devrait l'admettre pour tous; alors que deviendrait pour eux cette qualité quand pour rester d'accord avec la morale et la justice universelles, l'un serait forcé de désapprouver ce qu'un autre aurait proclamé. Ce n'est pas pour combattre l'autorité des papes que je nie leur infaillibilité, mais ce n'est-il pas quand un homme a l'autorité suprême qu'il doit surtout montrer toutes les qualités et le plus d'humilité et de vertu; le Christ n'a-t-il pas surtout vanté ceux qui sont doux et humbles de cœur.

Le Christ lui-même, parfait en tout dans son Esprit divin, n'a-t-il pas reconnu la faiblesse humaine de son corps quand il a demandé à Dieu son père d'éloigner de lui le calice amer de la Passion.

Ce n'est que dans son humanité qu'il pouvait avoir cette faiblesse; un Dieu ne peut faiblir. Là encore il a voulu donner aux hommes une dernière leçon d'humilité. Mais comme Dieu il fut parfait et sans faiblesse dans son Esprit :

> Vraiment Dieu seul est grand ; il est seul infaillible,
> J'en prends seule à témoin la belle et sainte Bible ;
> N'oubliez pas, les Grands, que tous les orgueilleux
> Ont été, sans merci, jetés tous hors des Cieux.

Maintenant qu'il a été établi qu'il y a un Dieu unique et tout-puissant, que nous avons dit ce qu'il doit être pour nous, proclamé l'existence de notre âme et la nécessité d'une religion, et que la meilleure était le Christianisme catholique, nous allons nous étendre sur cette religion et dire les trois grandes vertus qu'elle nous ordonne.

LE CHRISTIANISME CATHOLIQUE

Pour connaitre la loi que Dieu impose aux hommes, écoutons le législateur des chrétiens qui nous dit : « Aimez Dieu et aimez-vous les uns les autres; c'est là toute la loi et les prophètes. » Cette parole admirable il l'a dite pour toute la terre; espérons qu'un jour viendra où il n'y aura sur la terre que la religion du Christ, le catholicisme réunissant tous les hommes croyant à Dieu le Père et au Christ, son fils, l'esprit de Dieu dans un homme, lien de Dieu et de l'humanité.

Dieu veut donc que nous l'aimions, que nous nous aimions nous-mêmes et que nous aimions tous les hommes.

Cette loi est en effet la seule digne d'un Dieu et tout ce qui lui est contraire est contraire à Dieu.

Des trois grands commandements de cette loi nous ferons trois grandes vertus, bases de toutes les autres :

1° L'amour des hommes pour Dieu constitue la *Piété*, pratique de la religion ;

2° L'amour des hommes pour eux-mêmes dont nous ferons la *Sagesse* ;

3° L'amour des autres dont nous tirerons la *Charité*.

Ces trois grandes vertus ont entre elles un tel rapprochement qu'elles ne peuvent se trouver complètes que quand elles sont réunies.

Nous devons être pieux et ne pouvons l'être sans être sages puisque nous désobéissons à Dieu quand nous nous causons le moindre mal. De même nous devons être charitables pour être sages et pieux, puisque, nuisant aux autres hommes nous nous privons du bienfait de leur amour comme nous manquons à l'amour du Créateur en nous attaquant à sa créature.

LA LOI

Le Christianisme est la loi naturelle et la loi unique que les hommes doivent suivre. L'accomplissement de cette loi est ce qui constitue la vertu. Mais cette loi est immuable et les hommes ne peuvent ni créer ni anéantir des vertus.

Toute loi qui a commencé et qui peut cesser d'être en vigueur, comme les lois humaines, n'est point celle qui constitue la vertu. Le Créateur n'a pas voulu contraindre les hommes au nouveau joug qu'elle impose, si elle blesse leur conscience ; mais il veut certainement que les hommes soient vertueux.

Les lois du prince ou de l'État ordonnent aux sujets de payer certains droits, de se soumettre à certaines formalités ; la fidélité à observer ces lois fait des sujets obéissants mais non des hommes vertueux.

Cependant nous devons affirmer ici que les lois humaines doivent être d'accord avec la justice et avec la loi divine et qu'en ce cas on doit s'y soumettre.

Dans les lois humaines, il en est de trois sortes : ou elles contribuent à affermir la vertu, ou elles lui sont indifférentes, ou elles lui sont contraires.

Les premières doivent nous être sacrées et nous devons nous attlacher à les observer fidèlement, car elles émanent de Dieu même.

Les secondes, comme celles qui règlent le culte extérieur dans les diverses religions ou qui constituent les règlements de police des villes, ne nuisent pas d'ordinaire à la vertu si elles ne contribuent pas à son progrès ; en ce cas, on doit s'y soumettre. car aucune société ne peut vivre sans ordre ; mais alors on ne doit pas les préférer à la loi naturelle ou divine. Je condamnerai toujours comme manquant à la vertu la femme chrétienne laissant mourir son époux ou son enfant faute de soins pour aller entendre la messe. ou le fils qui, pour défendre son père qu'on assassine, ne traversera pas au plus vite une place interdite au public. Le Christ a dit quel est celui qui, le jour du sabbat, ne tirera pas d'un puits son âne qui y est tombé. Il faut obéir à Dieu plutôt qu'aux hommes. Rendez à César ce qui est à César, mais rendez d'abord à Dieu ce qui est à Dieu.

Quant aux lois humaines qui sont contraires à la vertu, comme celles qui, dans beaucoup de religions, ont ordonné les sacrifices humains, ou qui, comme les lois de Sparte, autorisaient le vol et l'adultère, celles-là nous devons les mépriser et nous bien garder de nous y soumettre, la mort même devrait-elle être la conséquence de notre refus d'y obéir.

LA JUSTICE HUMAINE

La peine de mort est bien sévère, et les juges qui l'imposent sont exposés à commettre une erreur irréparable.

La société a le droit pourtant d'empêcher de nuire l'individu qui, dans un but criminel, tue de sang-froid son semblable. Le prêtre ne doit pas juger, mais pardonner comme le Christ son maître; qu'il laisse à la justice civile le pouvoir redoutable de juger et de condamner. Quelles vertus et quelle sagesse doivent posséder les juges et ceux qui font les lois humaines; combien faut-il apporter de soins et de précautions dans les choix qui doivent les installer dans leurs fonctions. L'accusé doit être respecté tant qu'il n'est pas condamné et doit toujours être accompagné d'un défenseur intègre et capable dans les interrogatoires qu'on lui fait subir.

Dieu a mis dans nos âmes un flambeau, qui est la raison, pour nous éclairer sur nos devoirs et nous montrer la loi de la vertu écrite en caractères ineffaçables dans notre conscience. Si le flot des passions vient par moments troubler nos cœurs, le calme ensuite s'y rétablit; et, si nous prenons la peine d'y regarder, nous revoyons ce flambeau nous montrant l'amour de la vertu. Les remords qui poursuivent les méchants m'assurent qu'ils connaissent cette loi.

Nous allons reprendre séparément chacune de ces trois grandes vertus, la Piété, la Sagesse et la Charité.

1° LA PIÉTÉ OU CULTE DU A DIEU CONSTITUANT LA RELIGION

La piété est la vertu qui consiste à rendre à Dieu l'amour, la reconnaissance et les hommages qui lui sont dus.

Beaucoup de gens la font consister surtout dans la pratique de tel ou tel culte extérieur; et c'est là une erreur bien répandue de nos jours. C'est surtout la pratique de la vertu, en aimant Dieu et en observant sa loi, qui prouve à Dieu que nous l'honorons. Comme il n'y a qu'un Dieu, sa loi est unique et la même pour tous les hommes et indépendante de toute condition de nature, de climat et de pays. Nous devons observer le Décalogue et lui obéir :

1. Un seul Dieu tu adoreras et aimeras parfaitement.
2. Dieu en vain tu ne jureras ni autre chose pareillement.
3. Tes père et mère honoreras afin de vivre longuement.
4. Homicide point ne seras de fait ni volontairement.
5. Luxurieux point ne seras de corps ni de consentement.
6. Le bien d'autrui tu ne prendras ni retiendras à ton escient.
7. Faux témoignage ne diras ni mentiras aucunement.
8. L'œuvre de chair ne désireras qu'en mariage seulement.
9. Biens d'autrui ne convoiteras pour les avoir injustement.
10. Les dimanches tu garderas en servant Dieu dévotement.

Nous devons travailler, car Dieu a ordonné et sanctifié le travail. Nous devons prier Dieu. Le Christ nous a appris la sublime prière, le *Pater*, que nous devons dire chaque jour :

Notre Père qui êtes aux Cieux, que votre nom soit sanctifié, que votre règne arrive, que votre volonté soit faite sur la terre comme au Ciel, donnez-nous aujourd'hui notre pain quotidien, pardonnez-nous nos offenses comme nous pardonnons à ceux qui nous ont offensé, ne nous induisez pas à la tentation et délivrez-nous du mal.

Ainsi soit-il.

Nous devons prier Dieu avec foi et humilité. Le Christ a blâmé la prière du Pharisien orgueilleux et a béni celle du Publicain humble et repentant. La religion catholique bien comprise ordonne le culte à Dieu et à son fils le Christ, esprit de Dieu dans un homme. Mais il n'est pas nécessaire de les compliquer de choses inutiles à la vraie valeur de la religion comme l'ont fait plusieurs ordonnances de papes ou de conciles qui ont eu plutôt le malheureux effet d'éloigner d'elle beaucoup de fidèles qui y reviendraient peut-être si ces ordonnances étaient annulées. Je ne verrais aucun inconvénient aux mariages des prêtres catholiques ni à la suppression de la confession au prêtre.

L'état du mariage facilite les bonnes mœurs et la confession à Dieu est suffisante. La privation absolue du rapport des sexes n'est pas une vertu ; ce sont la maternité et la paternité bien reconnues dans le mariage qui font bien mieux la vertu. L'homme qui prie et se confesse à Dieu en lui demandant le pardon de ses fautes, avec le ferme propos de les éviter, rend à Dieu le culte qui lui est dû et est aussi sûrement pardonné. La confession au prêtre n'est pas absolument nécessaire ; elle a été un moyen pour les prêtres de tout savoir pour augmenter leur pouvoir. Combien de faux dévôts ne disent au prêtre que ce qu'ils veulent bien dire, n'ont aucun regret de leurs fautes, sont cependant par lui pardonnés et sont alors mieux considérés par les prêtres que d'autres moins coupables qui ne se confessent pas à eux. J'ai entendu bien des femmes dire qu'elles ne se confessaient pas aux prêtres pour ne pas déplaire à leurs maris. Il faut vivre avec le monde pour savoir ce qui éloigne de la religion. Beaucoup d'hommes aussi s'éloignent du catholicisme à cause de la confession aux prêtres exigée par eux. Les prêtres devraient tout faire pour y ramener le plus de gens possible. Bien des prêtres ne trouvent pas déjà la confession si agréable. Le chef de l'église catholique ne pourrait-il pas instituer une grande fête du pardon dans laquelle tous se confessant à Dieu sincèrement avec le ferme propos de ne plus retomber dans leurs fautes, le prêtre du haut de la chaire ferait par sa prière descendre au nom de Dieu le pardon suprême sur les pécheurs. Dieu seul connaît ceux qui le prient avec ferveur.

Il me semble, et il semblerait à beaucoup, si on les consultait, qu'en agissant ainsi on ferait un grand bien à la religion catholique et qu'on ramènerait à sa pratique beaucoup de gens qui en paraissent éloignés et l'aiment cependant.

RECONNAISSANCE DUE A DIEU

Dieu est bienfaisant et a droit à notre reconnaissance. Tout homme doit savoir gré : 1° à sa mère de lui avoir donné le jour et d'avoir en cela souffert pour lui; 2° à son père d'avoir fourni à ses besoins corporels et intellectuels; 3° à ses précepteurs d'avoir orné son intelligence de connaissances utiles; 4° à ses amis de l'attachement et du dévouement qu'ils ont pour lui; 5° enfin à ses bienfaiteurs des secours généreux qu'il en a reçus. Eh bien, tout cela vient de Dieu et les autres ont été les instruments de sa divine bonté. C'est Dieu qui a rendu la mère féconde, le père laborieux et bon, le précepteur attentif, les amis dévoués et les bienfaiteurs charitables. N'est-ce pas Dieu qui nous donne la vie, l'intelligence, la santé, l'amour du travail et de la vertu. Nous devons donc de la reconnaissance à Dieu pour tous les biens dont il nous a comblés.

Il est douteux que nous sachions bien si les événements que nous appelons malheureux sont réellement un mal ou s'ils ne doivent pas servir à un plus grand bien pour nous; en tout cas devons-nous moins de reconnaissance à Dieu si nous en sommes garantis. Quand du reste le contre-coup de ces prétendus désordres arriverait jusqu'à nous, que peut-il nous arriver de plus fâcheux : la mort tout au plus. Mais la mort est-elle donc un si grand mal. C'est par elle que nous passons de cette vie à une autre vie, vie qui sera pour notre âme un bonheur parfait, si nous avons été vertueux; et nous pouvons l'être si nous savons le vouloir.

L'AMOUR PLUS FORT QUE LA MORT

Mort, pourquoi tant d'hommes te craignent-ils, hélas !
Sois redoutable aux uns, mais pour les forts non pas.
On a plus de tourment certes que de bonheur
Sur la terre et la mort donne la délivrance.
Seul le sage connaît la bien douce espérance ;
Mais aussi seul il sait supporter la douleur.
C'est la douleur qui rend l'homme brave et vaillant ;
Et c'est à la braver qu'on devient méritant.
Quatre hommes, oui vraiment, ne craignent pas la mort.
Admirons le héros qui sait risquer sa vie,
Mais aussi le soldat qui meurt pour sa Patrie ;
Est-il pour un Français plus noble et plus beau sort ?
S'il est l'heureux amant de sa chère Isabelle,
Hector certainement heureux mourra pour elle.
Le chrétien est heureux pour son Dieu de mourir ;
Les martyrs l'ont prouvé. Sur ce je veux finir.
Le héros, le soldat, l'amant et le chrétien,
Réunis dans un homme; oh ! que ce serait bien !

Pour les besoins du corps, je ne vois en eux que des marques de la bonté divine. Je ne mange et ne bois avec plaisir que quand la faim et la soif m'y poussent. La fatigue donne un charme immense au sommeil, ce bon réparateur de nos forces intellectuelles et physiques. Cette inclination insurmontable d'un sexe pour l'autre sera-t-elle regardée comme un besoin incommode. Il est vrai qu'il fait le tourment de bien des gens qui croient se faire un mérite d'y résister et semblent vouloir dire qu'il y ait de la honte à servir à la reproduction de son espèce. Mais qu'ils satisfassent leur penchant d'après les lois divines et humaines et s'y abandonnent avec réserve; ils y trouveront des douceurs inappréciables, tout en obéissant à Dieu qui en fit une loi à nos premiers parents. Les richesses, dont beaucoup ont envie, ne sont que le moindre des présents de la bonté divine; elles causent souvent une tendance vers le vice; les avantages du corps comme de l'âme ont sur elles l'avantage de pouvoir servir à les acquérir, tandis que l'or n'embellira jamais un corps mutilé, ni ne corrigera une âme vicieuse. Les honneurs ont aussi bien peu de valeur. Un Roi est le plus méritant mais le plus malheureux des hommes quand il fait tout son devoir; il est le plus odieux quand il ne le fait pas. Mais si Dieu est bon, il ne nous permet pas d'oublier qu'il est notre souverain maître et juge; et c'est à ce titre qu'il exige nos hommages.

HOMMAGES DUS A DIEU

Nous avons déjà dit devoir rendre hommage à Dieu par nos prières; nous devons lui rendre hommage aussi par la pratique du culte religieux. Avec la prière du matin et du soir, quel plus grand hommage rendu à Dieu que l'assistance à la messe du dimanche, prière et sacrifice si grands et si admirables.

Quel grand symbole que la figuration du Christ, fils de Dieu, se sacrifiant sur l'autel dans l'hostie pour sauver l'humanité tout entière.

Quel ensemble admirable de prières que la messe entière chantant la gloire de Dieu sur toute la terre, ordonnant la foi, priant pour tous les hommes : chrétiens, païens, hérétiques et schismatiques, pour les morts et pour les vivants, pour les grands et pour les petits, pour tous enfin.

Voilà certes les plus grands hommages que l'homme puisse rendre à Dieu : la prière et l'assistance à la messe. Un très grand hommage à rendre encore à Dieu, le Christ l'a dit lui-même, c'est la pratique de la charité. Tout homme doit donc honorer la religion, et les gouvernements qui la protègent s'honorent eux-mêmes.

L'homme qui honore ses parents, qui aime la vertu, qui aime sa patrie et veut le bien de l'humanité tout entière, celui-là aussi honore Dieu.

Admettant la séparation de l'Eglise ou des Eglises et de l'Etat, je trouve absolument nécessaire que l'Etat honore et protège la religion qui prêche le bien et fait des sujets dévoués et soumis aux lois de leur pays. En ayant des rapports suivis avec le chef de l'Eglise, le chef de l'Etat se donnera une grande force politique qui lui attirera le concours de tous les hommes et de tous les Etats bien pensants. Cela n'empêche pas ce chef d'Etat de garder pour son pays les droits et les libertés nécessaires à la bonne gestion des affaires publiques.

2° LA SAGESSE, OU CE QUE NOUS DEVONS À NOUS-MÊMES

Devant honorer Dieu pour obtenir de sa bonté cette sagesse qui doit servir à notre bonheur, cherchons ce qui peut être favorable à notre esprit, à notre corps et à notre situation.

POUR L'ESPRIT

Ce qui est favorable à notre esprit est l'instruction et la bonne éducation. Nos parents ont dû veiller à notre instruction; nous devons aussi veiller à celle de nos enfants et de ceux qui nous sont confiés. Les enfants et les hommes même doivent travailler à bien s'instruire et bien suivre les leçons de leurs maîtres; c'est d'un grand secours pour réussir dans la vie. Les diverses aptitudes, les diverses situations ne permettent pas que l'on arrive à ce que tous aient la même instruction. Mais il est des choses que tous doivent savoir, d'abord lire, écrire et compter. Tous doivent avoir des notions de la morale philosophique et religieuse et des lois principales de leurs pays; l'instruction primaire en un mot doit être donnée à tous les enfants, garçons ou filles. Pour les plus intelligents et pour ceux dont la situation le permet à leurs parents, il faut les soumettre à une instruction plus complète.

Le mieux est certainement que l'instruction primaire soit gratuite et obligatoire et que les maîtres soient soumis au Pouvoir au point de vue des programmes. La capacité, la moralité des maîtres doit être surveillée par l'Etat. La pratique de la religion doit toujours être autorisée dans les écoles. La liberté pour l'instruction a du bon en encourageant la concurrence, pourvu que les maîtres aient la moralité et l'instruction suffisante pour les renseignements qu'ils donnent.

Les pères et mères, obligés de faire instruire leurs enfants, doivent avoir la liberté de choisir les écoles qui leur paraissent les plus aptes à former le cœur et l'intelligence de leurs enfants. La bonne éducation consiste à apprendre à la jeunesse l'amour du bien, la politesse, la propreté, le bon maintien, le respect des parents, des vieillards, des professeurs et des supérieurs, la franchise et la bonté dans les rapports avec les égaux, la bonté et l'obligeance avec les inférieurs. Il nous paraîtrait bon que, dans chaque pays, chaque enfant apprenne bien la langue de son pays, mais aussi une langue facile et commune à tous comme l'espéranto, qui se développe heureusement beaucoup.

POUR LE CORPS

Pour notre corps nous devons en premier lieu songer à nous garder la santé. Il faut pour cela quatre choses principales : la sobriété, l'exercice, la propreté et la gaîté.

1° *La sobriété* consiste à ne faire d'excès en rien et à bien observer les lois de l'hygiène ; ne faire qu'un usage modéré du vin, du café et du thé. Il faut éviter complètement l'alcool et le tabac, les courants d'air et les refroidissements. Il faut n'employer les narcotiques et les anesthésiques qu'avec l'ordonnance du médecin. Il faut chauffer modérément les appartements quand il fait froid, mais il faut souvent renouveler l'air en tout temps. Il est bon d'habiter des appartements bien aérés et dans lesquels le jour pénètre beaucoup. Il faut ne manger et boire que ce qui est nécessaire à la vie et ne plus manger ni boire dès que la faim ou la soif cessent. Ne jamais boire d'eau impure. Mâchez bien la nourriture avant de l'avaler, et pour cela soignez bien votre dentition. On doit manger un peu plus l'hiver, un peu moins dans le printemps et l'automne et encore un peu moins l'été. Dans le printemps et l'automne, portez des vêtements un peu chauds pour la saison. Après le moindre refroidissement il faut se frotter vivement tout le corps et se couvrir de flanelle.

L'avenir est aux sobres et aux chastes, surtout aux chastes dans le mariage. Le mariage est un état sain ; la religion et la loi l'honorent.

Pourquoi cet état est-il défendu aux prêtres catholiques ; combien de ces malheureux en souffrent et arrivent quelquefois à trahir leurs devoirs et leur habit ;

ils deviennent alors une source de scandale. Quelques-uns s'en sont du reste plaints dans leurs écrits.

Les prêtres protestants, juifs, orthodoxes se marient et n'en sont pas moins religieux.

Le mariage n'a du reste pas toujours été défendu aux prêtres catholiques. Personne ne doit fuir la paternité ou la maternité.

La maternité est la grande vertu de la femme, et c'est dans la paternité que l'homme a le plus d'occasions de pratiquer la vertu.

C'est une erreur de vouloir rendre la femme vierge supérieure à la mère et de faire croire le célibat plus moral que le mariage. Dieu en mettant l'homme et la femme sur la terre leur a ordonné de procréer. Les peuples les plus moraux, les plus puissants, sont ceux qui produisent le plus d'enfants. Ils sont aussi ceux qui deviennent les plus riches par l'ordre et le travail.

La femme qui a été vraiment trompée est excusable, et, si elle a commis une faute, elle la répare bien en élevant son enfant aussi bien que possible ; l'homme qui, étant sûrement le père de cet enfant, le sait et l'abandonne, commet une lâcheté ! Il n'y a absolument de moralité que dans le rapprochement des sexes conclu dans le mariage. Que les célibataires restent ce qu'ils sont si cela leur plaît ; mais qu'ils ne se croient pas pour cela supérieurs. Malgré toutes les vertus que peuvent avoir certains célibataires, hommes ou femmes, le monde serait bien vite fini si tous vivaient comme eux et voulaient rester dans une continence parfaite. Certains célibataires ne sont que des égoïstes se refusant aux charges et aux devoirs qu'amènent la maternité et la paternité. J'admire certainement les ordres religieux se vouant à la charité et aux soins des orphelins, des malades et des vieillards ou à la propagation de la religion ; mais ils ne sont à louer que dans une abnégation et une continence

parfaites, après des noviciats très prolongés et des voca-
tions certaines et éprouvées qui les mettent à l'abri de
toute chute; là certainement la qualité est bien préférable à la quantité. Puisque nous sommes sur le mariage, c'est le moment de donner à ce sujet quelques
instructions.

MARIAGE

Un homme adulte ne peut généralement se bien porter que dans la vie de ménage, tout en admettant
quelques rares exceptions causées par certains tempé-
raments ou certaines infirmités ou conformations. Le
mariage jeune est donc préférable ; pas trop jeune cependant ; cela dépend aussi des races et des pays. Les lois
donnent d'usage des règles bonnes à suivre en ce cas :
dans les pays à zones moyennes et tempérées, vingt
et un à trente ans pour les hommes et dix-sept à
vingt-six ans pour les femmes. Il faut, dans le choix
des époux, préférer la santé, le bon caractère, l'intelligence et la bonne éducation à la fortune. Les gens
sérieux cependant doivent penser qu'un peu de bien-
être, soit par la situation, soit par le travail, est utile
pour le bonheur de chacun et pour la progéniture qui
en doit venir. Je recommande surtout la chasteté dans
le mariage, c'est-à-dire l'abstention complète de tout ce
qui n'a pas pour but la création de beaux et sains reje-
tons ; c'est un régime plus vrai et plus sensé que la virginité.

Les époux dans le mariage ne doivent avoir que des
rapports sexuels et naturels, et sans jamais rien faire
pour en exciter l'envie, envie qui ne doit venir que par le
besoin de satisfaire la nature. Comme base de ces rapports, espacements de ces rapports très variables suivant la santé et le tempérament des individus mâles, on
peut admettre seulement comme conseils et non comme

règle absolue pour gens bien portants et sans aucune excitation :

4 rapports espacés par mois de l'âge de 20 à 25 ans.
6   —   —   25 à 30 —
8   —   —   30 à 40 —
6   —   —   40 à 50 —
4   —   —   50 à 60 —
2   —   —   60 à 65 —
1   —   —   65 à 70 —

et plus du tout à plus de 70 ans....................

On a vu quelques vieillards qui, sans doute ayant été sages dans leur jeunesse et étant d'une parfaite santé, ont après cet âge encore possédé une certaine vigueur ; n'oublions pas que c'est une exception et que tout vieillard qui force la nature à ce sujet creuse à chaque fois une pelletée de terre pour sa tombe et qu'il avance la fin de ses jours.

Il est bon qu'en ménage l'homme ait de six à dix ans de plus que la femme, à tempérament égal. Le mélange des sangs, brun avec blonde, blond avec brune, est très bon. Pas d'unions dans le même sang, c'est-à-dire dans la même famille, à moins d'un degré assez éloigné. Il faut surtout, comme il est dit ci-dessus, chercher la santé, les qualités du cœur et de l'esprit, et bien étudier si on a l'espoir de trouver un bonheur réciproque dans l'union projetée.

Avant de s'unir il est sage de rechercher les antécédents de famille et d'éviter les unions dans les cas de tuberculose, aliénation mentale, alcoolisme invétéré, cancers et syphilis, souvent héréditaires et transmissibles aux descendants. Les conseils d'un médecin sérieux sont bons à prendre en ce cas.

VIEILLESSE, SOINS A PRENDRE DANS LA VIEILLESSE

Pour un homme bien portant la vieillesse commence vers soixante-cinq ans et vers soixante ans pour la femme également bien portante. Le vieillard doit se soustraire aux émotions physiques ou morales trop violentes, éviter complètement tous les plaisirs de l'amour et tous excès de table. Il doit être régulier dans ses repas et ne faire qu'un repas léger le soir, au moins deux heures avant de se coucher. Il doit manger seulement des viandes blanches et tendres, du pain salé et bien cuit, éviter tout aliment échauffant et lourd, manger lentement et bien mâcher et ne prendre qu'un seul verre de bon vin à chaque repas. Il devra éviter et combattre la constipation et la rétention d'urine. Dans toute indisposition il se mettra à la diète. Il fuira l'isolement, prendra des distractions compatibles avec l'hygiène, se donnera un exercice modéré, évitera les courants d'air et les refroidissements, vivra dans un air sec et pur et aura de grands soins de la propreté de la peau.

Il usera souvent de bains et ablutions tièdes et courts. Il vivra d'une vie calme dans une température moyenne. Il portera des vêtements de laine en été et en hiver, plus épais en cette dernière saison. Il habitera une chambre exposée au Levant ou au Midi, avec aération et température convenable : 16° à 20° centigrades. Il occupera modérément son corps et son esprit. Il ne s'abandonnera pas trop au sommeil. Il aura chance de vieillir davantage, s'il a, homme ou femme, le bonheur de vivre encore unis l'un à l'autre par le mariage.

2° *L'exercice* est la deuxième chose nécessaire à la santé du corps. L'homme doit travailler, s'occuper et marcher sans fatigue excessive. Cela est indispensable à tous. On a remarqué que de toutes les corporations, c'est dans les facteurs distributeurs de lettres qu'il y a le moins de malades.

« Une danseuse française est morte en Amérique en 1867, à l'âge de cent onze ans, entourée de plus de cent petits et arrière-petits-enfants. » La constipation n'existe presque pas chez les marcheurs. Les oisifs doivent s'entretenir en santé par l'escrime, la chasse, la gymnastique, la marche ou autres sports, sans aller cependant jusqu'à une trop grande fatigue. Les sports sent excellents pour la jeunesse. La marche en plein air est absolument nécessaire pour les gens de lettres ou de bureau.

3° *La propreté* est la troisième chose nécessaire à la santé du corps, avons-nous dit. Elle est indispensable pour le corps et les appartements qu'on habite. Au moins un grand bain la semaine est nécessaire en plus de la toilette journalière.

4° *La gaîté* est la quatrième chose utile à notre santé. Il faut être gai pour se bien porter, comme il est difficile d'être gai quand on est malade. Pratiquer la vie de famille et se donner quelques distractions honnêtes aident beaucoup à la gaîté. Il faut supporter avec courage et philosophie l'adversité et les peines qui nous arrivent et tâcher d'avoir quelques bons amis, et les choisir francs et gais. Rire aide à vivre. Gens sévères qui vous croyez plus sages, en affectant de ne rire presque jamais, ne vous croyez pas meilleurs que ceux qui rient. Démocrite mourut à cent trois ou cent neuf ans en riant comme il avait vécu: et son collègue en philosophie, Héraclite, qui ne sourit jamais, mourut étique à soixante ans.

POUR NOTRE SITUATION

Pour notre situation à laquelle la sagesse nous dit que nous devons penser, il y a comme pour notre santé

42

quatre choses utiles pour réussir : 1° le travail ; 2° l'ordre ;
3° l'économie ; 4° l'activité.

Travail. — Il faut travailler pour produire. Le travail
se résume dans l'agriculture, l'industrie, le commerce et
la culture des lettres, des arts et des sciences ou autres
professions libérales. Dans chacune de ces choses on doit
donc travailler et tâcher d'y trouver les moyens de son
existence ; c'est de première utilité.

Ordre. — Il faut travailler avec ordre pour produire
avantageusement, car il n'y a que dans l'ordre que l'on se
rend bien compte de ce que l'on fait, et que l'on en retire
un avantage.

Économie. — Quand on a produit par le travail et
l'ordre un résultat qui a dû être avantageux, c'est là que
l'économie trouve sa nécessité. Il ne faut pas croire
qu'on doive toujours réussir ; et si, dans les moments
propices, on n'a pas fait d'économies qui vous aideront à
passer les moments difficiles, qui arrivent presque toujours, on sera bouleversé. Il n'y a que les économes
qui supportent les revers, et c'est par l'économie qu'on
arrive au bien-être. Les gros bénéfices n'enrichissent pas
ceux qui dépensent tout ce qu'ils gagnent ; comme on ne
gagne pas toujours, on arrive forcément à n'avoir rien.

L'activité. — Il faut être actif et surveiller avec soin
ses travaux, ses affaires et y apporter de la prudence.
Il faut prendre toujours des renseignements sérieux sur
tous les nouveaux clients et sur les anciens qui apportent
du retard dans leur façon de régler leurs dettes ou font
de grandes dépenses sans posséder de fortune. Il faut
faire souvent des prix de revient, avoir un bon matériel
pour la fabrication et n'entreprendre que ce qu'on peut
bien mener et bien surveiller.

Il faut au moins une fois par an faire un inventaire
sérieux pour se rendre compte de sa situation. Il faut se
faire aider car celui qui est seul peut manquer. Il faut

prendre des avis quand on doute, même quelquefois, de gens au-dessous de soi quand on les croit compétents. On est trop présomptueux de compter sur soi seul et de se croire plus capable que tout le monde. Prévoir et bien étudier d'abord, c'est presque réussir.

Il faut se tenir bien au courant des progrès de son industrie et des cours des marchandises dans les divers pays. Il faut visiter souvent sa clientèle et avoir une comptabilité bien tenue, très claire et donnant bien séparément les frais de commerce ou d'industrie, appelés frais généraux, et les dépenses domestiques, appelées frais de maison. Il faut se renseigner sur les employés qu'on veut prendre, surtout quand leur rôle est sérieux et important. Il est bon d'avoir de la fermeté et un peu d'indulgence aussi pour conduire les autres.

Pour les placements de fonds, recherchez plutôt la sécurité que les gros revenus et prenez avant de les faire des renseignements auprès de gens compétents et honnêtes. Il faut suivre les cours des valeurs qu'on possède et se renseigner souvent dessus. Ne faites par vous-même ou par les autres que ce qui est loyal et bien régulier : signatures, paiements, encaissements, etc. Il faut toujours agir avec honneur, droiture et moralité, même si on doit froisser des affections sincères ou crues sincères ; sincères, elles vous reviendront entières si elles se sont diminuées momentanément ; si elles n'étaient pas sincères, ne vous en préoccupez plus.

VOLONTÉ ET PATIENCE

La volonté dans le bien, la patience et savoir attendre sont, réunis, une grande force, et c'est avec elle qu'on fait seulement de grandes choses.

C'est pour votre bien que sont tous ces conseils, produits d'une vie longue et bien étudiée ; pensez-y souvent et agissez en sorte ; à quoi sert de recevoir de bons conseils si on ne les suit pas.

Pour finir ce long article sur la sagesse, nous dirons qu'on est sage aussi en aimant les autres ; on s'en fait des amis ou on évite de s'en faire des ennemis. Nous allons nous entretenir de la charité, ou de ce que nous devons aux autres.

3° LA CHARITÉ, OU CE QUE NOUS DEVONS AUX AUTRES

La charité, étant la vertu que nous devons pratiquer envers nos semblables, nous donne trois sortes principales de devoirs :

1° Les devoirs que nous devons remplir envers les particuliers, soit parents, soit amis, soit supérieurs ou inférieurs ;

2° Les devoirs que nous devons remplir envers la Patrie ou envers les hommes habitant le même pays que nous ou les pays y annexés. Dans ceux-ci nous parlerons des formes de gouvernement ;

3° Les devoirs que nous devons remplir envers les étrangers ou l'humanité entière.

1° DEVOIRS ENVERS LES PARTICULIERS

Les parents doivent aimer et soutenir leurs enfants et descendants, leur donner ou leur faire donner une bonne éducation et une bonne instruction, leur faire donner tous les soins nécessaires pour leur faire une bonne santé et leur donner aussi de bons exemples à suivre. La famille est la première base de la société ; et, si on doit penser avant tout à sa famille, on doit néanmoins faire du bien à ceux qui ne vous sont pas parents.

Il est naturel qu'en sentiments on soit plus porté envers des parents ou des amis qui vous veulent aussi du bien qu'envers des gens qu'on connaît peu ou pas du tout ; cela n'empêche pas la charité envers ces derniers.

Les supérieurs doivent être polis, justes et doux envers leurs inférieurs, tout en exigeant d'eux ce qu'ils ont promis de faire si c'est juste.

Le service des inférieurs est libre et peut toujours être refusé par ceux-ci avec le respect des contrats établis mutuellement, de leur côté les inférieurs doivent remplir exactement et poliment leur tâche envers ceux qui les emploient. L'égalité dans les conditions est un rêve absurde, et la société a besoin d'être organisée. Un serviteur qui fait son devoir est plus méritant qu'un maître qui ne fait pas le sien. Les lois doivent permettre à tous d'améliorer leur situation par leur travail, leurs vertus et leurs capacités, c'est-à-dire au bon serviteur de devenir maître à son tour, s'il en a le mérite et emploie des moyens honnêtes.

Tous les hommes ont des droits mais ils ont aussi des devoirs ; et c'est en remplissant bien ces derniers qu'ils peuvent prétendre aux autres. Le respect de ces deux choses établit les contrats par lesquels les individus et les sociétés parviennent à une vie juste pour tous.

Si les parents, avons-nous dit, ont des devoirs à remplir envers leurs enfants, ceux-ci en ont aussi envers les premiers ; ils leur doivent respect et obéissance pour ce qui est juste, soins et dévouement dans la maladie et la vieillesse.

Les maîtres et les professeurs remplacent les parents pour l'instruction des enfants ; et c'est à ce titre que ceux-ci leur doivent respect et obéissance.

Tout homme dans la proportion de ses moyens doit secourir et aider les malheureux, les veuves et les orphelins. La charité est un devoir pour tous et à l'égard de tous quels qu'ils soient. On doit aussi honorer les morts ; le culte des morts a été pratiqué par toutes les nations civilisées.

2° DEVOIRS ENVERS LA PATRIE ET LES COMPATRIOTES

La Patrie est le pays où l'on est né et qui a vu aussi naître nos parents. Tout homme pour sa Patrie doit obéir à ses lois, payer les impôts consentis par ses représentants et accepter le service militaire s'il y est jugé apte ; il doit aussi la défendre au péril de ses jours quand l'ennemi veut l'attaquer. C'est pour cela qu'il faut que tous les enfants de la même Patrie s'aiment et s'unissent pour être forts et concourir tous vaillamment à la défense de leur mère commune. L'armée de la nation a besoin pour cela d'union, de force et de direction, c'est ce qui nécessite la discipline depuis le simple soldat jusqu'au plus grand chef.

En tout, du reste, dans un même pays il faut de l'organisation et de la prévoyance, car sans ordre il ne peut y avoir de vraie liberté. Si la fraternité est voulue parmi tous les membres d'une même nation, l'égalité devant la loi y doit exister ; mais l'égalité dans les conditions est un rêve absurde.

LE DROIT

Cependant, dans tout pays bien organisé, la force doit être au service du droit, et ce sont les lois qui représentent le droit. Nous avons dit ce que devaient être ces lois. Les lois doivent être votées et établies librement par les représentants du peuple choisis parmi les plus honnêtes et les plus capables et nommés proportionnellement au nombre des électeurs et des impôts payés, suivant les divisions établies dans tout le territoire.

Le concours de tous les sujets n'est pas toujours désirable pour procéder à ce choix.

Les foules sont souvent déraisonnables; et tant qu'elles n'auront pas les qualités d'honnêteté et de capacité que doit avoir l'élite de la nation pour nommer ses représentants, il vaut mieux ne pas leur donner ce pouvoir. La fortune seule ne donne pas droit à faire partie de l'élite; il faut aussi la capacité, l'honnêteté et la moralité. Peut-être par l'éducation et l'instruction les foules seront assez sages dans l'avenir; et alors il sera temps de réaliser ce beau rêve de tous contribuant au bien commun. Les lois humaines, nous l'avons dit en traitant de la loi naturelle et du Christianisme, ne doivent jamais être contraires à la vertu, car dans ce cas on n'est pas forcé de leur obéir. Les lois humaines sont toujours. perfectibles et elles n'engagent les citoyens que quand elles sont promulguées, c'est-à-dire qu'elles n'ont pas d'effets rétroactifs. La société et les lois doivent protéger la justice des contrats entre les individus et les sociétés. La culture, le commerce et l'industrie sont la source de la fortune des pays ; ils doivent donc être protégés. Le pays le mieux organisé serait celui qui pourrait se suffire en tout ; mais la nature elle-même s'y oppose un peu et de là vient une nécessité de certains contrats entre les diverses nations ; là le législateur doit montrer une grande prévoyance.

Les sociétés de prévoyance et même de charité doivent toujours être encouragées, car il faut parer à l'imprévoyance et à la misère. Il faut cependant laisser au libre arbitre le soin qu'apportent les individus raisonnables à l'amélioration de leur sort et du sort des leurs. La loi, à cause de cela doit favoriser, ou du moins ne pas empêcher, la petite épargne ; car le travailleur économe est meilleur citoyen que le paresseux et l'imprévoyant. Les familles nombreuses ont aussi droit spécialement à la protection de l'Etat.

Il nous paraîtrait juste que les mœurs favorisent la participation raisonnable des ouvriers et employés aux bénéfices de l'industrie et du commerce où ils travaillent ; les directeurs ou patrons en obtiendraient un concours plus sérieux qui ne leur serait pas désavantageux ; ce serait aussi le meilleur moyen de supprimer le sabotage dans les travaux. Cette participation aux bénéfices dans les années prospères pourrait être moins importante relativement, afin de faire des fonds de réserve pour les années malheureuses, pour que les ouvriers et employés touchent encore quelque chose et n'aillent pas répandre le bruit que l'affaire est mauvaise, ce qui nuirait au crédit et à la bonne réputation qui sont toujours nécessaires dans les affaires.

Il serait également bon que l'Etat mette ces ouvriers à l'abri de l'ivrognerie et de la débauche en supprimant le privilège des bouilleurs de cru et ne permette plus la vente de l'alcool et des apéritifs, ou du moins qu'à un degré assez faible pour qu'ils soient inoffensifs ; le mieux serait la suppression complète. L'Etat devrait aussi faire appliquer sévèrement les lois sur les cabarets et sur l'ivresse, grande cause de la misère et de la mauvaise santé des classes ouvrières.

L'Etat qui demande les impôts aux contribuables, après que les représentants du peuple les ont votés, impôts que ces contribuables doivent aussi payer, l'Etat, dis-je, doit veiller scrupuleusement à la bonne gestion des sommes qui en proviennent et que cette gestion soit faite avec délicatesse et économie. Il doit veiller à l'honnêteté de ses employés et se rappeler qu'en gâchant l'argent des contribuables, il gâche la fortune publique ; il ne faut pas tuer la poule aux œufs d'or.

En payant convenablement ses employés, il n'en doit prendre que ce qui lui en est nécessaire, veiller à ce qu'ils emploient honnêtement et avec zèle leur temps et d'une façon intelligente. Il faut croire que les appointements et la retraite qu'on gagne dans les administrations de l'Etat en France sont bien encourageants, car presque tous les jeunes gens veulent y entrer aujourd'hui, délaissant la culture, le commerce et l'industrie, où il faut trop de travail et d'initiative trouvent-ils.

L'impôt ne doit jamais être personnel ni vexatoire ; l'Etat, pour l'impôt, doit frapper la chose et non l'individu. L'impôt ne doit pas être inquisitorial et il doit être voté par ceux qui le paient ou leurs représentants.

A côté de cela il paraît assez juste que le luxe soit imposé, qu'un propriétaire ou locataire paie plus quand le prix de son habitation est plus élevé en tenant compte du nombre des occupants : que le contribuable paie des impôts sur ses chevaux et voitures de luxe, automobiles, chiens et chevaux de chasse, sur ses revenus fonciers et mobiliers, sur l'importance de son commerce, de son industrie, de sa culture ou des produits de sa profession, tout en exonérant celui qui n'a absolument que le strict nécessaire pour lui et les siens.

LA JUSTICE

La justice est faite pour faire respecter les lois et punir les crimes dans un pays. Les juges chargés de la rendre doivent être choisis de bonnes vie et mœurs, capables, honnêtes et ayant la parfaite connaissance de ces lois.

L'accusé doit être traité avec ménagement et douceur tant qu'il n'est pas reconnu coupable. Il doit toujours être accompagné d'un défenseur choisi par lui ou nommé d'office, quand le juge l'interroge.

La peine de mort, quelquefois nécessaire pour la protection de la société, ne doit être prononcée qu'avec toute la réflexion et la justice voulue ; les juges doivent toujours penser qu'en cas d'erreur, alors leur sentence, quoique injuste, deviendrait une faute irréparable.

3° DEVOIRS ENVERS LES ÉTRANGERS ET L'HUMANITÉ ENTIÈRE

Nous ne devons pas oublier que tous les hommes sont frères. S'il est juste de se défendre courageusement contre les ennemis armés attaquant notre pays ou portant des atteintes injustes à nos intérêts les plus chers et d'accord avec la moralité, nous devons aux étrangers la politesse et le bon accueil quand ils nous rendent visite.

En guerre, quand ils sont blessés ou prisonniers et que les combats sont finis, nous devons à nos ennemis désarmés des soins comme à nos compatriotes ; c'est ce que pratiquent toutes les nations civilisées.

Les guerres sont quelquefois redoutables et elles affaiblissent beaucoup les combattants, surtout les vaincus. Il paraîtrait juste que les prisonniers de part et d'autre soient remis aux soins des nations neutres à la charge naturellement de chaque nation dont elles font partie.

Quand un peuple se bat contre un autre peuple, les autres nations, si elles ne sont pas tenues par des traités faits pour l'intérêt général, doivent rester neutres, à moins qu'un de ces peuples agisse honteusement contre toutes les lois de l'humanité. En temps de guerre, le territoire et les biens des neutres doivent être respectés. En tout cas les nations fortes et civilisées ont raison de rappeler les belligérants au respect des lois de l'humanité ; elles rendent alors service à tous.

En guerre souvent les excès d'un ennemi justifient ou paraissent justifier ceux de l'autre.

Le peuple vainqueur, en imposant la paix à son ennemi, ne doit pas être trop rigoureux dans ses exigences
envers le vaincu, sauf dans les moyens d'empêcher
celui-ci de recommencer son attaque injuste, car alors il
se fait un ennemi pour longtemps qui l'obligera à se
tenir toujours en défense et par là à supporter de
grosses dépenses et de gros embarras qui viennent sur-
charger ses nationaux ; il s'expose ainsi, pour un temps
plus ou moins long, à une guerre de revanche qui paraît
juste et qui, soutenue avec courage, peut le rendre
vaincu à son tour.

Si on doit se battre avec le plus grand courage dans la
guerre, on doit respecter en même temps les grandes
lois de l'humanité ; les femmes, les enfants, les vieillards,
les blessés et les non combattants doivent être respectés ;
je n'en excepte que les espions. Il paraîtrait juste de
consulter les peuples pour s'emparer de leur territoire.

Les guerres peuvent être faites par les nations civilisées contre les peuples barbares seulement pour défendre la vie et les biens de leurs nationaux et pour
apporter à ces peuples barbares les bienfaits de la civili-
sation et le bonheur dans leurs conditions de vie, mais
non pas seulement pour conquérir leur territoire et les
assujettir ; ces guerres, dis-je, paraissent justes au point
de vue humain. On ne doit apporter à leurs mœurs et à
leurs religions que des changements raisonnables et
modérés, amenés seulement par la persuasion patiente
et non par la force.

Nous ne croyons pas à la suppression totale des
guerres, les hommes et les nations ont encore trop de
causes et d'intérêts qui viennent les diviser ; mais nous
souhaitons néanmoins que les grandes nations civilisées
arrivent à former un tribunal suprême devant lequel les
cas de guerre soient d'abord discutés et jugés ; peut-être

pourrait-on ainsi arriver à en supprimer quelques-unes ; ce serait déjà un grand bien pour l'humanité.

En tout cas, tout pays qui veut être respecté a raison d'être fort et toujours prêt ; on ne voit pas souvent un fort attaquer de sang-froid un autre fort ; le risque est trop grand pour tous les deux.

Si vis pacem para bellum, disaient les Romains.

Finis coronat opus.